Despertar…

a la realidad de que te amo

hoy

Genie N.

© 2008, Carmen E. Nieves (Genie N.)

Reservados todos los derechos de autor. La reproducción total o parcial de este libro por cualquier medio **–incluyendo las fotocopias-** está prohibido por ley sin permiso previo de la autora.

srta.geniecita@hotmail.com

ISBN: 978-0-6152-2346-9

Impresión y arte gráfico: www.lulu.com

A mi amor:

Baby, mira lo que hace el tiempo

y la distancia.

¡Gracias por creer en mí!

Contenido

Prólogo: *Notificación al Emperador*   7

Poesía   11

Anarquista del dolor   13

La edad del amor   16

Granada   19

Así es el deseo   23

Se te olvidó   26

Tu silencio   30

Quiero   34

Prosa   **39**

¿Qué me hace ser mujer?   41

El sabor del mar	43
Despertar	48
Pregúntale su nombre	55

Obras previas — 59

Desde un amigo…	61
Sombras	64
Celo de Lares	66
Pobre Mundo	69
Para el no olvidado	72
Los héroes son ustedes	74
Ser como tú	79
Elegía infantil	81
La soledad de la Niña	84
No me des más	91

Prólogo:

Notificación al Emperador

Al César Augusto, Real Emperador de Roma:

Ha llegado hasta mis oídos la noticia de su viaje inesperado para conquistar tierras lejanas y así apoderarse de toda entidad que pueda representar una verdadera amenaza para el Imperio. De antemano le diré que aún estando acostumbrada a su constante ausentamiento y a sus no frecuentes mensajes enviados por los eunucos, siento que le irá muy bien en su expedición, y que, en lo que a mí respecta, estaré dispuesta a representarlo como lo hago desde que me trajo a Palatino.

Jamás ha sido fácil ser la mano derecha del Augusto. Desde el mismo instante en el que me posé firmemente a su lado, se ha estado tramando todo tipo de artimañas y reuniones clandestinas para limpiar a esta servidora de la imagen Real. También es cierto que todo esta demencia se debe a nuestra herencia homérica; todavía hay algunos que no dejan de pasar por mis cercanías y tienen el descaro de llamarme Helena. No necesito guerras a mi alrededor para sentirme importante. Es más, es posible que Roma pueda estarse quemando y sólo sienta deseos de darme un baño. ¿Qué gana con tener gente tan marginal bajo su poder? Vaya a tomar posesión de reinos, y átelos bajo

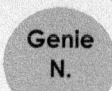

Despertar...

su voluntad si realmente quiere tener un monumento digno de alabarse.

Aquí me quedo sola otra vez. Es la eterna historia de todas las que han llevado el cinto de "La mujer del César". Sin embargo, tengo la certeza de que muchas mujeres han de envidiarme. La mayoría se acuesta con hombres que no tienen el valor de pedirle una gota de agua a su vecino; yo me acuesto con el que dice que Egipto está a un paso de distancia. El plebeyo mendiga la paz desde el momento que nace; tú meriendas la de los reyes y faraones presentes y ausentes. Es cierto que reino junto a ti, cosa difícil, pero mirando desde el balcón comprendo que no podría estar en un mejor lugar.

Si te conocieran como yo. ¿Cuántas veces han intentado hacerte bustos y me he burlado del plano irreal que reflejan? Ni hablar de la estatua erigida en medio de la ciudad. Ni Marte podría tener unos músculos tan fornidos batallando contra el universo. Eres un mortal, y parece ser que la única que lo sabe en esta ciudad soy yo. Te da hambre, sed, urgencias, y cuando te enfermas no hay dios que parezca considerar tu llanto y talentos dramáticos. A tus sirvientes le suena a una gran mentira que hayas nacido de una mujer, porque caes como rayo cuando te propones algo. Qué bien que al menos reconoces que a mi lado no tienes por qué fingir. Siempre que llegas con el cuerpo

Prólogo: Notificación al Emperador

entumecido, estas manos conocedoras de ti saben exactamente dónde tocarte.

Ya sabrás que sin ti, la República se vuelve un desastre turbulento y sin fin. Siempre ocurre lo mismo. La gente cree que la barbarie es la mejor actitud a asumir mientras estás en otros lares buscando victorias para la nación. A mí, sólo me queda recordarte y tratar de actuar como tú lo harías, aunque estos brutos sigan diciendo que soy prima de Briseida. No hablo con nadie, sabes, acerca de las cosas que hacemos en la cámara. No se puede tener amigos en medio del Imperio; la opresión, en vez de abrir sus mentes, los rebela contra las autoridades. Ya oigo los azotes a lo lejos. Cuando no estás, todo es una locura. Hasta siento que te extraño.

Entiendo que como Cleopatra, sólo ella. Pero no está demás decirte que por más que andes fijándote en bellezas sublimes en el exterior, ninguna honrará tu nombre y tu presencia de igual manera a como yo lo hago. Imagínate lo difícil que es el tener que parecer honesta, y no sólo serlo. De repente hago algo que no se ve muy bonito para los filósofos y por medios vertiginosos que aún desconozco te enteras acerca de supuestas vilezas en las que ando participando. Ninguno de ellos me da de comer, ni me viste. ¡Pero cómo sí quisieran desvestirme a espaldas del Emperador! Si alguno de ellos pensó que

Despertar...

podría ocupar tu lugar, debería ser entrenado por gladiadores a ver si sigue en tal pensamiento.

No sólo ser honesta, también parecerlo... Y ¿qué piensas tú de mí? Eso es lo que realmente merece mi atención. Sí, amo la República, pero sin ti, no hay gloria alguna que contemplar en ella. Amar a un hombre que a su vez le pertenece al mundo es un asunto bastante complicado. Debo dejar a un lado estos romanticismos y vestirme con los atuendos de Emperatriz que informan de tu ausencia a los ciudadanos.

Es de suma importancia que usted, *Caesar Augustus,* revise toda la documentación adjunta a esta notificación. Entre ella, hallará informes acerca de toda la actividad llevada a cabo durante su expedición. Utilice su criterio como Emperador y analice si el producto obtenido es uno de óptima calidad. Es lo mejor que he logrado, no podré conquistar tierras, pero sí exponer estados de interés extremo al Primer Ciudadano.

Queda a su servicio esta servidora.

¡Viva el César!

Livia

Poesía

Anarquista del dolor

Le di a mis sentidos la orden de desconectarse.

Así de fácil logré destruir al mundo.

Por primera vez entré a mi atmósfera

y el recibimiento fue transformador.

Recuerdo que llovía muchísimo,

eran sonrisas que bañaban el corazón.

Miré a la izquierda y me sacié

al observar el árbol de mis lágrimas.

Miré a la derecha y me asombré

al entender que el mal era un extranjero.

Alguien me hizo el cuento de mi vida

y me obsequió la pluma para continuarlo.

Aquí, el camino no había que conocerlo

porque yo lo hacía con mis manos

Genie N.

Despertar...

Llegué al lugar que todos llamaban "fin"

y que no era otra cosa que mi ser.

El cielo guardaba el secreto incorruptible

que por no conocerlo, el mundo se refería

a él llamándole "tú", pero era mi "yo".

La revelación tornó al azul en espejo

y en ese momento me conocí completamente.

Yo soy la flor que jamás morirá,

soy el olor del eterno recuerdo,

soy lo que siempre quise.

Yo soy anarquista del dolor.

Siempre he sido palabra encarnada;

ayer sólo fui una estrella,

mañana seré una visión completa.

Pero hoy, estoy donde siempre debí estar.

Ahora sí puedo ser hermosa,

Poesía

quiero ser la salvadora del mundo.

Llamaré a mis sentidos para el bien

y para rescatar a los que no se conocen.

Tú estás en medio de ellos

y porque te amo, robaré tus sentidos

para que redactes mi cuento

mientras te lo voy dictando

en los latidos de mi corazón

Despertar...

<u>La edad del amor</u>

Aquel día, iba la vida de paseo,

descansando de las vueltas del mundo,

cuando de repente en su recreo

creció en su vientre tal deseo

de dar un giro rotundo,

de cambiar en un segundo

el camino que ya no veo.

Me halló con los pétalos enterrados,

secuestrada por hojas taciturnas.

Abandonada por todos lados

con mis temores bien clavados

por las hogueras diurnas,

por la soledad nocturna,

Poesía

por los momentos desdichados.

Y me rescató de aquel camposanto.

Buscó entre sus grandes sorpresas

y encontró escrito el llanto

del dolor y del quebranto

en las líricas del tiempo impresas

en un pergamino con aura presa

entre los versos de su encanto.

Papel añejado por el sudor

y el recuerdo de quien le escribía.

Rosa desecha entre el dolor,

deseando amar con fresco pudor,

juntó la vida en aquél día

y declaró diciendo: hagamos poesía

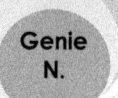

Despertar...

pues ambos conviven en la edad del amor.

Poesía

Genie N.

Granada

En una de las aventadas que me da la vida

voy a estallar, y van a ver...

No hallarán mi alma,

pero estará por todos lados mi quebranto.

Ensuciaré la tierra con los hijos de mi llanto

y ustedes no creerán que llevé en mí

un recipiente de amargura.

Y se lamentarán porque yo era muy joven,

porque no merecía explotar...

Despertar...

¿Pero sí merecía comer tierra?

¿Pero sí merecía el desprecio de mi sangre?

¿Pero sí merecía ser pisada por la felicidad?

Mis huesos estarán hechos polvo.

Mis miembros harán luto por mí.

Mi boca, abierta, libertará la verdad.

Mis manos irán a ambos extremos del mundo.

Mis pies volverán con mis huellas.

Cuando lloren por mí

lo harán para desinfectar la tierra que baño con mi carne.

Lo harán para borrar mis memorias.

Poesía

No pueden llorar de dolor

porque no lo parieron, como lo hice yo.

Despedazada al fin, como siempre anduve en la vida.

Le pesaba mucho a la existencia, por eso me lanzó.

Me quebró el hambre de amor,

la falta de miradas acogedoras,

el veneno de recordar mi desdicha,

los latigazos del tiempo,

y la ausencia de mis cosechas.

Yo sé que la tierra no me tragará;

jamás tuvimos amistad alguna.

Despertar...

Y cuando ustedes vean cómo me pagó la vida,

no hallarán mi alma.

Mis huesos estarán pulverizados

y mi sangre teñirá el camino que recorrí

para volver al vientre de la única que me amó.

Solo hallarán mi Corazón

para que se den cuenta

de que yo también tuve uno.

Poesía

<u>Así es el deseo</u>

Ya reina el Sol sobre la Tierra.

Inundando va hacia las profundidades

con su autoridad calórica.

Ya has despertado en mi mente,

haciéndote sentir en la superficie

de este cuerpo tan solitario.

Desde lejos, el Sol y tú me abrasan.

El fuego crece y mi aliento lucha

por sobrevivir en medio del vaho.

El apetito me traiciona frenéticamente

manipulando sin piedad a mi boca

Despertar...

que hace chasquidos en el aire.

Las llamas han atado mi voluntad

y pasean sus lenguas carnívoras

entre los maduros de mi pecho.

Ay, el corazón libera una danza

en honor a un acortejamiento

que se aproxima con ímpetu y furia.

Debo abrirme y alzar vuelo.

Destilo corrientes de placer en almíbar,

deseo en su propio jugo.

Calor, sabor y humedad

hacen guerra en mi boca

Poesía

y los gritos no me dan.

Mis manos son muy ineficientes

para este holocausto sin igual,

para este vaivén enloquecido.

Así es el deseo ardiente

que me incinera junto al Sol

y me hace clamar tu nombre.

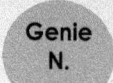

Despertar...

<u>Se te olvidó</u>

Sería en un momento mundano

o en medio de la nocturnidad,

quizás en el silencio profano

o mediante el delirio humano,

se escabulló esa calamidad.

Privó al alma de gran deseo,

arremetió con iras de diablo.

Probaste corrientes del Leteo

y ahora callas, pues sólo veo

que olvidas quién soy en verdad.

Ésta, es sencillamente mujer

por sobre todo, también humana.

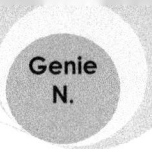

Poesía

Sólo sé que vivir es querer

y que el amar es menester

si se quiere sinceridad.

Y más que eso, soy alma

en busca de un buen amor

que sobreviva al mal con calma,

que no me hable con armas

para destruir mi felicidad.

Soy quien te proclama varón

en todas las horas del día,

en los versos de cada canción

y en las luchas del corazón

desatadas a tu fidelidad.

Despertar...

Se te olvidó que soy pasión,

sensualidad y apetito voraz.

Que mis manos no tienen perdón,

que mi boca es exasperación,

que mi cuerpo es fogosidad.

Soy la vida enamorada

de tu voz y de tu sombra.

Soy la música atorada

que espera ser interpretada

junto a ti en la eternidad.

Hablar de ti es como hablar

de océanos y sus crías,

del morir y el despertar,

del éxtasis y el soñar

Poesía

que haya muerto la soledad.

También soy quien muere ahora

por el bálsamo de tus labios.

Soy quien grita, soy quien llora,

soy quien alocada implora

amarte con toda bondad.

Quien soy se te olvidó

cuando más me acuerdo de ti.

Soy la vida que más te amó,

quien tu leche y miel probó

y jamás recuperó su libertad.

Despertar...

Tu silencio

Háblame,

envuélveme en la dulzura de tu aliento,

la sanidad de todos los pesares

que se niegan a volar junto al viento.

No calles más,

que mis oídos se erosionan.

Las gotas de tu garganta

a la distancia sólo aprisionan.

Tu silencio...

se parece tanto a la muerte,

ensordece, tuerce, enloquece

y juega dados con mi suerte.

Poesía

Te llevaste

hasta la voz de los recuerdos

y ya no sirven, pues sin ella

son torpes, brutos y lerdos.

Necesito

de vuelta todo ese sonido

que me adormecía de noche

y de día jugaba conmigo.

Tu silencio...

se asemeja mucho al pasado,

cuando yo no había nacido

ni tu eras mi único amado.

Genie N.

Despertar...

Devuélveme

la paz y la fortaleza.

Me debilito ante este mundo

que sin tu voz sufre tristeza.

Mil palabras

arrastradas se me ofrecen.

Ninguna de ellas es tuya,

no me tocan ni estremecen.

Tu silencio...

me regala días sombríos,

se alimenta de mi alma

y me lanza a los vacíos.

Háblame...

Poesía

que el tiempo se enfurece,

y sus llamas van quemando

lo que sin tu voz perece.

Despertar...

<u>Quiero</u>

No sabes cómo me inquieta

soñarte sólo a mi lado.

El tiempo me está presionando,

necesito hacerte mi amado.

Cumplir los sueños deseados

que en tu cuerpo van nadando

y que en el mío están muriendo;

de pasión se están ahogando.

Quiero ir, suavemente llegando,

que de a poco vayas viendo

cómo alcanzo tus palabras,

cómo las voy mordiendo.

Poesía

Me tienes el alma pidiendo

que tu lengua mi cuerpo labra.

Sostenme entre tus brazos,

quiero que mis piernas abras.

Entre abras y más cadabras

no me alejes de tu regazo.

Ando prendida de tu cuello

como volando sobre el Pegaso.

Que tu ego se haga pedazos,

que te conviertas en un plebeyo

cuando te desnude la carne

y te dé golpes con mi cabello.

Genie N.

Despertar...

Me urge hacerte sólo aquello

que tu piel ruega al llamarme;

quiero comer de tus manjares,

de tu cetro voy a apoderarme.

Sobre ti corro a treparme

para viajar por otros lares.

Hoy vamos a estallar en fuego

siempre y cuando que no pares.

¡Ay, sí! ¡Qué rico! ¡Dale!

Es preciso oír tus ruegos.

No dejes de tocarme toda,

ni los gritos te los niego.

Ahora siento como te riego

Poesía

lo que mejor se acomoda.

¡Qué delicia estar contigo

y terminar con tal coda!

Es semejante a una oda,

es maravilloso, te digo,

hacerte el amor sin miedos,

sin riesgos de castigos.

Por favor, quédate conmigo

callado en este enredo.

Tu corazón dormirá seguro.

Por siempre, si quieres, me quedo.

Prosa

⬇

¿Qué me hace ser mujer?

Yo contemplo las nubes y sé que eso va más allá de lo que veo, y lo entiendo. Mi aroma de mujer me envuelve y las personas no me conocen por no querer estudiar lo que se halla detrás de mi esencia. ¿Qué puede ser más difícil que acercarte para conocerme? Más fácil se te ha hecho llegar a mí para lastimarme. No fui hecha con dolor, pero sí le ha dado la forma a mi corazón cuando las palabras atentan contra él.

Cada día es un renacimiento en mí, nuevas ganas de amar y más deseos de concebir una hermosura fresca. Te hablo con una sonrisa y mis ojos te preguntan por qué el mundo no entiende mi lengua. Por eso nadie sabe que en mí hay constante guerra, los pensamientos se van de frente con mis emociones; mas mis necesidades quedan de por medio.

¿Por qué este fuego en mí no se apaga? Porque sólo puedo compartirlo con un hombre en espera de encender su fogata. Mi hombre es ese que no le pesa cargar mi corazón ni mi mirada. Yo busco la llenura del amor que tiene en sus labios, el control que lleva sobre sus manos, la dimensión del transporte en sus abrazos y el espacio que tiene en su vida para mí. Yo no amo su piel; amo su calor, la locura en sus ojos, la forma en la que busca mi intimidad y su silencio relevante. Mi hombre es un sueño que me despertará para conquistar las estrellas que el mundo aisló junto a mí.

Amando vivo, llorando riego la sangre de mis sentimientos. Tengo un corazón remendado por la culpa de las equivocaciones y de las invasiones de los entes que me declaran la guerra. No pierdo batalla, pero por tiempos me falta el aire para seguir de pie. Dando amor y sanando heridas, cuando lo que recibo a cambio es ser más

Despertar...

envuelta en mi neblina femenina y echada con el resto de las nubes al cielo.

Lo que me hace ser mujer es desear amarte desde mis adentros y seré feliz cuando me ames por haberme conocido.

Prosa

<u>El sabor del mar</u>

Llena de un sueño profundo, tuve que levantarme temprano; tenía un compromiso con el cual cumplir. Hubiese pagado por quedarme en la cama, pero en fin, *arranqué en fa* y salí al pueblo. Temprano terminé y no hallé nada más que hacer. Podía regresar a la casa (Mami me devolvió las llaves que dejé al ir a EEUU), o regresar a la casa de nuestros nuevos ángeles para recoger el sueño justo donde le había dejado. Sin embargo, me sentí atraída hacia el mar y decidí pasar el resto de la mañana en la Avenida Víctor Rojas.

El mar anduvo embravecido hoy. Las olas del cielo se reflejaban perfectamente en las nubes del mar. Algunos *surfers* parecían haber madrugado para darle los buenos días al Atlántico. Yo mientras tanto, desayunaba para ver si el sueño dejaba de acusar mi conciencia, o mi estómago, no sé a cuál de los dos. Miraba al mar y parecía que me llamaba, eeeeeeeeeeeiiiiiiiii pppsssssshhhhh. Lo dudé por unos instantes, pero como los viejos dicen "que el mar es una princesa y se vuelve rebelde si no se porta bien uno con ella", fui a ver qué era eso que quería decirme tan de prisa.

Me senté en un banquito. Miré a lo lejos, traté de escudriñar las aguas a la distancia, pero sólo vi el vaivén fogoso de la niña caprichosa.

Despertar...

Luego observé que su corriente traía muchas piedras, caracoles y hasta basura. Sentí muchísima sed de repente, y al mirar el océano supe que sus aguas no eran suficientes para mí. Las lágrimas salieron a responder ante este llamado, no sé si se sentían envidiosas y deseaban desembocar en aquella orilla. Ellas hablaban y se declararon culpables de almacenar dolores añejados, y de adueñarse de los nuevos azotes sin tener lugar para ellos. Negaban su inocencia, traían el alma llena de acoso y guerra. Se encargaron de devolverme los males sin remedio de la vida. Exhumar problemas no es mi especialización, pero como dice Mami, "el preso quiere ser libre". Vi frente a mí años de miedo, rechazo, negación, burlas y asuntos bélicos sumamente fríos. La más grande de las gotas me confesó que mi papá nunca halló gracia en ella, aunque jamás representara un problema para él. Yo me acuerdo de mi papá, pero sólo entre lágrimas logro traerlo ante mí. Todavía tenía en mi espalda el regalito que a los 10 años me dio para ponérmelo y dejarlo clavado: su traición paterna. Un hombre que no sabe consolar el llanto de los más pequeños no debería ser padre.

Pero otra lágrima baja, muy callada, casi indiscretamente... Llevaba el nombre del patriarca, del orgullo de la familia. "Que nadie se entere -dijo ella- de que lo que él hizo me duele horriblemente". Mi abuelo no me esperó, y eso es lo más que me afectó. Él sabía que yo tenía que regresar a Puerto Rico, pero no pensó en mí cuando le entregó la vida a la horca. Tampoco se despidió de mí (y eso, que yo era su orgullo, decía

Prosa

él). Mami siente que él le pagó mal, pero ella no sabe que yo también recibo parte del mismo. Tal trofeo no me sirve de nada. Siento vergüenza por momentos, jamás debió hacerlo; ya es tarde.

Me confesaron muchas cosas las lloronas. La era de las burlas, el temor de las caídas y la verdad inevitable de la soledad florecieron en aquel entonces. Regresé mi mirada al mar y logré descifrar su mensaje: <u>lánzalos acá</u>. "Debe estar loca, la basura le dañó la mente", pero hablaba en serio la *princess*. Reveló frente a mí la senda para llegar hasta ella, y con cierta duda, logré escapar del mundo y me deposité en sus faldas arenosas. La interrogué en mi mente. ¿Cómo sabía ella que ése sería la solución a mis penas? Con una de sus olas me dijo: "Acércate, te contaré un secreto". Y otra vez el temor de que alguien de la calle me viera, pero esta vez no titubeé y me deshice de mis tenis y medias. Dejé que me explorara los pies y los tobillos. Sentí cómo refrescaba mis zanquitos, era delicioso. Continuó ella envolviéndome en su baile de ida y vuelta y me fusioné mente y corazón con ella.

"Sabes, nadie sabe realmente por qué el mar es salado. Prueba una de tus lágrimas, ¿A qué te sabe?" decía con ternura. Lo hice, y sí, era salada. "Entonces..." le iba a responder, pero me interrumpió al recorrerme las rodillas. "La gente ha llorado desde siempre. No sólo desde la tierra, pero también en los aires y cuando los llevo de un lado al otro. Yo conservo los llantos de generaciones anteriores. Si todos

Despertar...

supieran eso, no me lanzarían sus desperdicios. Pero te aseguro que es lo más bello que he recibido de la humanidad. Nada tan transparente como una gota sentimental. Te propongo algo..."

No podía creer lo que estaba oyendo. ¡El mar me escogió como confidente! Esto nadie me lo creería. Debo ser alguien realmente si ella me muestra sus adentros. Callada me quedé a ver cuál sería su propuesta. "Mira a tu alrededor. ¿Ves todas esas piedras? Son los problemas que la gente ha dejado en mis profundidades. Toman una piedra y la lanzan con toda su alma de por medio. Así la carga no les pesa más y nadie jamás se entera de su penar, pues confiaron en mí, y pasaron sus temores de interior a interior. Sé lo que estás pensando, y te respondo. Las piedras tienen diferentes tamaños porque muchos han tomado las mismas piedras y al tirarlas cargadas con sus tristezas, ellas crecen en volumen. Si miras cautelosamente, hay piedras que nunca más podrán levantarse con la mano humana. Esos son problemas que Otro atenderá, pues Sus manos todo lo sostiene. Anda, escoge una piedra y lánzamela. Verás cómo te responderé."

Así lo hice. Escogí una piedra cualquiera, no me fijé en sus detalles, pero sí debía ser una que pudiese caber en mi mano y lo suficientemente buena como para encaminarla hacia el vientre del mar. Reuní todas las fuerzas que me empujaron a llorar, y con las mismas lancé la piedra con un adiós rotundo. Ya. No más. Mis dolores se fundieron con el Atlántico. En pago de creerle a la infanta, me obsequió lo que una vez parecía ser un coral, pero que fue destruido de algún modo. Obviamente humano. *"No dejes que los hombres te hagan lo que le hicieron a esto. Sé fuerte. Construye caminos, y las piedras con las que tropieces, me las dejas a mí."* En ese instante dejó de hablarme, pero yo quedé muy feliz de haber descubierto el secreto del océano y su sabor a llanto. Me quedé un rato más, busqué mis medias y tenis y regresé al mundo, libre de piedras.

"Por si no lo sabías –me dijo por último– me dicen princesa porque sigo los mandatos del Rey." Al menos puedo decir que me encanta su sentido del humor.

Despertar...

<u>Despertar</u>

Hoy fue el día más hermoso de mi vida. Es la primera vez que recuerdo haber despertado con una sonrisa de desayuno y con el Sol envidiándome la vista. Todavía sin estar presente ante tal acontecimiento, descubrí que habías estado trabajando en mi mente mucho antes de reconocer la mañana, y estabas ahí para darme la gran noticia. No hay palabras que se asemejen a lo que sentí a partir de ese encuentro contigo. Nunca pude tenerte tan cerca ni tan adentro, ni jamás pude verte tan claro como hoy. Estás bello, y por cierto, muy cómodo; sentado sobre mi corazón te encontré esperando el amanecer en mi boca.

Hice lo que siempre hago en las mañanas, tú sabes, comer y ver papeles un rato. El tiempo procuró acordarme de que tenía una cita previa con el bosque, y al notar que estaba tarde, me vestí con las ropas más sencillas. No se puede ser extravagante cuando se cargan huéspedes como tú. Fue al mirarme al espejo en medio de mi aderezamiento que vino a mi pensamiento aquello que dejé olvidado hace aproximadamente un mes. Jum... Debo irme, se está haciendo tarde.

Prosa

Efectivamente, el bosque me estuvo aguardando algún rato. Llegué con alguna melodía estancada en la garganta, ya que no me sale como a Andrea Bocelli. Pero la naturaleza es tan dulce y toma en consideración nuestros gustos cuando se trata de una visita como esta. Preparó todo el ambiente y ahí estaba, sus faldas verdes estaban listas para regalonearme un rato. No pude resistirme ante tal tentación, y corrí hacia la sombra más amplia que allí merodeaba. Me arropó el viento, mmm... se parecía a tu voz, se me estremeció el vientre y mordí mis labios como impulsada por el alma. Una vez con los ojos cerrados, llegó el ruiseñor a hacernos compañía y entonó una canción así como de amores resucitados y reencontrados. Unos versos te los daba a cantar y otros a mí, ja ja ja, Dios, no sé cómo se le ocurren estas cosas.

Al mirar hacia el lado, reconocí a lo lejos unos columpios. ¡Unos columpios! ¿Sabes el tiempo que hace que yo no me mecía en uno de esos? No, no puede ser. Ya siento el corazón palpitar hacia mi niñez inexplorada. Entre carcajadas, me le escapé al viento que aún seguía arropándome y caí sobre el que más se parecía a mí, el que se mecía solo. A ver, ¿habré olvidado cómo se hace esto? Mi mamá siempre dice algo así como que lo que bien se aprende nunca se olvida. Ja ja ja ja, no, si hace rato que ando volando aquí y ni cuenta me he dado. Entre tirón y tirón quedé en medio de ustedes; el viento me empujaba hacia arriba y tu que me agarrabas como para jamás soltarme. Quedé en

Despertar...

medio de mis dos amores: el hombre y el viento. Ojalá siempre pudiera vivir así.

Había personas en el bosque, pero qué importa que me vieran y dijeran que soy loca. Este es mi tiempo con ustedes y debo invertirlo para ver si logro que se eternice. El viento, que es mucho más viejo que nosotros dos, se volvió cómplice y de un empujón me lanzó hacia ti y se desapareció. Ahí te vi claramente y sonreí en respuesta a tu existencia. La verdad no sé cómo lo haces; ni estás frente a mí, ni fueron tus manos las que me despertaron esta mañana. Pero te siento adentro, ardiente y lleno de energías que transmites con sólo mirarme a los ojos. No sé donde estás, pero sí sé dónde te tengo y lo que estoy sintiendo.

El viento regresó, esta vez con el olor de tu aliento. Le dije que sí, que tenía un mensaje para ti, y que te lo llevara tan pronto pudiese.

Esto fue lo que le dije:

Hace días que ando con el corazón a cuestas, me pesa más que yo misma, y ha sido muy difícil controlar su desesperación y calmar su agonía por estar lejos de ti. Mucho tiempo ha pasado desde la última vez que me dijiste que me amabas, tanto, que ni recuerdo ya como suena. El tiempo sin ti no es nada generoso y pide que le de explicación a cada lágrima que nace otra vez. Y el dolor es tanto que ya no quiero hablar de él, me cansa hablar del que me daña y burla constantemente.

Prosa

Esta mañana desperté y te vi. Me acordé que dejé acompañando a mi sombra lo más importante que he tenido todo este tiempo. Al mirar a mis espaldas, aún seguía ahí, y una mirada mía bastó para que regresara a mi pecho y floreciera nuevamente. Una parte de mí ha regresado para nunca ausentarse. Aquí permanecerá hasta que yo quiera, y lo quiero. Lo alimentaré y lo nutriré desde mis adentros porque de mí nació.

Hoy desperté a la realidad de que te amo, y que no hay una verdad más grande que esa.

Si yo te amo, entonces tengo vida, porque el amor es vida.

Si tengo amor, no tengo miedo, porque el amor es más poderoso que él y sus secuaces.

Si estoy viva, es porque te amo. Y si te amo, es porque estoy viva.

Ya no tengo que llorar más, no hay razones para gemir en la oscuridad. Tengo amor. ¡Tengo amor! Y es gracias a ti, porque tú lograste que mi alma hiciera lugar para nuestro encuentro.

Si no me amas, eso ya no importa porque estoy viva por mi amor, no por el tuyo.

Despertar...

Si yo te amo, entonces vivo. Y si tú vives, es posible que veas mi amor.

Si ves mi amor y vienes, seremos dos vidas inhalando el mismo aire.

Si ves mi amor y huyes, es porque no sabes lo que es el amor.

Quisiera poder hallar en este mundo un amor con el cual comparar el mío, pero esta sensación sólo se logra cuando un hombre como tú besa con el corazón y late con la boca.

Estoy sonriendo, y es porque te amo tanto que el mundo merece notarlo.

Ya no estoy llorando, y es porque te amo tanto que no tengo tiempo para ello.

Escucho lo que canta mi alma, y canta que te ama con locura.

No necesito caminar en la tierra, porque te amo tanto, que el volar me acerca a ti.

¡Sí! ¡Estoy viva! Tiempos pasaron entre mis manos y es hoy cuando siento el calor vibrante de la sangre corriendo por mi cuerpo. Tengo hambre y sed, tengo deseos e impulsos, tengo fuerza y voluntad, y todo esto porque estoy viva, porque te amo.

Prosa

No necesito ser hermosa si te amo. Este amor durará más que la belleza.

Los celos jamás me servirán. Ninguna mujer podrá sentir estas corrientes de amor por ti.

¿Para qué hablar? Se pierde tiempo bueno para amar, y el tiempo es irreversible.

El tiempo y la distancia ya no me intimidan. Cada uno necesita del amor para ser lo que son.

Es cierto que quizás ya no quieras amarme. También es cierto que tampoco quieras compartir la vida conmigo. Pero sí es verdad que yo te amo, y lo siento estando o no tú a mi lado. Es algo más fuerte que los dos. Es una vida de por medio.

Dame una excusa para no amarte.

Dime qué se necesita para no quererte.

¿Que cometo errores? Ja, también se van por el inodoro.

¿Que eres difícil? Mira este amor, ¿quién lo entiende?

Yo no sé si serás mi amor, pero estoy segura de que uno mora dentro de mí y camina a mi lado diariamente. Sólo que se me olvidó socorrerlo en tiempos de guerra. Como verás, el amor es vida, y no pereció ante tal catástrofe. El amor es inmortal, y aunque no sé si tú seas mi amor, yo tengo uno que le gusta tu nombre.

Si se me olvida tu rostro, es porque solamente siento tus palabras.

Si se me olvidan tus palabras, es que ando saboreándote.

Si ya no tienes sabor, es porque yaces muy adentro.

Si ya no duermes adentro, es que me morí.

Hoy fue el día más hermoso de mi vida. Pude reconocer de frente al amor en su totalidad y en toda su esplendidez. No puedo dejar de sonreír ni de reflejar luz en la mirada. Y además, recordé lo más importante: si no fuera por tu amor, no sería mujer.

Prosa

Pregúntale su nombre

El tiempo ha avanzado bastante junto con las demandas personales del individuo. El ser humano ha decidido vivir rodeado por nubes, decidiendo qué sí o qué no exponer ante el mundo. Lo más mínimo que forma parte de nosotros ha perdido su uso natural; la boca, usada inicialmente para ben-decir, se ha convertido en fusil contra la gente y mal-decir. Las personas sólo piensan en echar culpas, pedir amor sin darlo, no sufrir enfermedades sin cuidar su salud y en alcanzar el éxito por encima de todos.

Hubo un hombre que decidió conceder estas peticiones al hombre, y fue su determinación la que lo hizo llegar a la meta. Cuando nació, todo el mundo lo halló hermoso, hermosura que todos poseemos no gracias a la vanidad. A la medida que iba creciendo, adquirió sabiduría en gran medida para enseñar exclusivamente lo necesario para sobrevivir en este mundo. Él sabía que no todos podrían asistir a la escuela y adiestrarse para una profesión. Así reveló la diferencia entre la vida y la muerte. También investigó acerca de las prioridades y aprendió que la más grande era el amor. Por eso, se separó de sus familiares y allegados, para ofrecer un amor eterno y desinteresado. Al cumplir la edad precisa para manejar su vida, decidió encargarse de la de todos los demás, asumiendo responsabilidad por nuestras acciones.

Despertar...

Se enfrentó a todas las personas que alguna vez juzgaron y limitaron a su prójimo, haciéndolo menos. Abasteció todas las carencias de manera inagotable. Convirtió en príncipes y princesas a aquellos que fueron echados a un lado; prometió y cumplió. Lo mayor de todo es que su amor lo impulsó a cargar las culpas de nuestras barbaridades, y sufrió los castigos que ameritaban. Llevó todas las enfermedades a su culminación dentro de sí y la muerte no fue el límite para garantizar el íntegro bienestar que todo ser humano desea. Derribó lo que una vez estuvo entre Dios y el hombre. Su diagnóstico de muerte es único en la historia: Muerte por amor.

Ni el presidente...

Ni el vecino...

Un familiar... no creo.

Un amigo... ¡Bah!

¡Tus padres! Pues fíjate que no.

A ver, pagó por tus errores porque te vio como la luz del mundo y como la oportunidad de manifestar el verdadero significado de la vida.

Significado de la vida: amor.

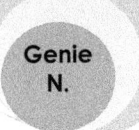

Prosa

Deberías saber ya quién es. Hace rato Él sabe quién eres. Si no, pregúntale su nombre.

Obras previas

Desde un amigo...

Todos los sentimientos que han sido vencidos,

que sufren de rechazo e indiferencia,

corren a refugiarse en lo profundo

y en lo escondido de mi mundo

para ver si puedo enseñar a los presumidos

que el amor nunca está a la distancia.

Sólo tienes que dejar que permanezca

en ése, tu mundo, y que florezca.

Esas lágrimas que no soportan puente,

que no son sólo agua, también sollozos,

se reúnen todos en mi río escondido,

finalizando en un mar enternecido.

Quieren reflejar al más inocente

Despertar...

la hermosa gracia de los días gozosos

que la vida, si dejas, te puede dar

no importa cuanto tengas que reír o llorar.

Muchas miradas que andan con duelo

y por más que intentan, no pueden brillar,

requerían a mi alma por su espejo

donde siempre está el auténtico reflejo.

Y así, las recojo tristemente del suelo

para que una vez más se puedan fijar

que en los ojos del verdadero amigo

encontrarán refugio del cruel enemigo.

Recuerda siempre en ese momento

y mejor aún si lo puedes compartir:

cuando a tu sentimiento han vencido,

Obras previas

tu mirada fácilmente ha caído

y tus lágrimas no aguantan el tormento;

no lo olvides, sabes que puede venir

que para ti siempre habrá un abrazo

que nacerá con amor sin ningún rechazo.

Genie N.

Despertar...

<u>Sombras</u>

Necesitaba luz, el baño de la claridad,

no sólo a mi alrededor, pero dentro de mí.

Quería vivir fuera de lo oculto, de la tristeza

que sumergía mi vida en la lejanía. Ahora que todo

es limpio y brillante, apareces tú, la sombra.

¿Por qué ahora, y no cuando anhelaba tu compañía?

Si tenías mi forma, ¿por qué te distorsionaste?

Debías estar detrás de mí, pero al mirar

a mis espaldas, mi silueta estaba hueca. El calor

de tu presencia me faltó y tu reflejo se evaporó.

Tú sabes que te busqué. En las caricias de mis

lágrimas, en el dolor de mis heridas, la profundidad

Obras previas

del silencio, en el gemir de mis pensamientos, en el

quebrantamiento de mi corazón, en la caída de mis

palabras; en mí, te busqué, hasta morir.

Si alguna vez estuviste, hoy ya no haces falta

porque esta luz que se ha posado sobre mí

me ha dado alas para volar hacia lo que amo

y ha cerrado puertas para que desde el pasado

no invadan las sombras que manchan la realidad.

Despertar...

<u>Celo de Lares</u>

El día en que la revolución

se sintió en mis entrañas,

gozaba en la concepción

de mi hija, la gran Nación.

Pero con sus malas mañas,

los de tierras extrañas

maltrataron mi bendición.

El cautiverio de mis nietos

los lanzó hacia la eternidad.

Y siendo astros repletos

de sueños, brillos y retos,

guiaron a la sociedad

a la luz de la libertad,

Obras previas

a vivir con amor y respeto.

Y ahora, ¿quién diría?

Tanto tiempo que ha pasado,

no pensé que lloraría

ante tanta antipatía.

Mi pueblo está abusado,

cruelmente maltratado

y se acoge a la rebeldía.

Y si mi alma se afligía

viendo a mi Isla sollozar,

lucharé con empatía

por esta tierra, Estrella mía.

Sin duda puedo batallar

y si retada, puedo gritar

Genie N.

Despertar...

con las fuerzas de aquel día.

14 de septiembre de 2005

Obras previas

Pobre Mundo

El mundo tiene hambre.

Devora a su progenie.

Su vientre con calambre

destruye la intemperie.

Se muere intoxicado,

lo envenena la razón.

Ya vomita su pecado,

ya no tiene corazón.

El mundo tiene vicio,

recurre a la caridad.

Sólo hace sacrificios

para vestir la Maldad.

Mártir de la rebelión,

Genie N.

Despertar...

se arrastra moribundo.

Pide llamarse Sinrazón

pues va quedando sin mundo.

No sabe lo que quiere;

no quiere lo que sabe.

No sueña, no sugiere,

sólo vive del chantaje.

Sus árboles son páginas;

sus ríos, fríos alambres.

Sus diamantes, lágrimas;

sus rubíes, sangre.

Superhéroes, ninguno.

Redentores, ni pensarlo.

De los sueños, sólo uno

tratará de salvarlo.

Obras previas

Sanando sus heridas,

llorando su dolor;

levantar alas caídas

es lo que aspira el Amor.

Despertar...

Para el no olvidado

Dedicado a mi hermano,

por responder al llamado del Padre.

Hoy llueve como nunca el pasado recordó,

pues las gotas combinan con el cielo.

No importándole, el Sol se rebeló

y las hirió con profundo recelo.

Si apareció el arcoíris, ¿quién sabría?

Tan sólo al mirarlo, me arde el corazón;

pensar que en este mundo alguien querría

lastimar el arco, quitándole un color.

¡Qué mundo tan horrible y lisiado!

Obras previas

El viento suplica por ser sentido.

La tierra y yo nos hemos apartado.

El cielo me mira muy resentido.

No es lo mismo ver la vida ahora sin ti,

El color, el viento y la tierra no son.

¡Pobre inexperta la vida que llevo en mí,

el cielo te llevó sin mi emancipación!

Despertar...

<u>Los héroes son ustedes</u>

Yo creía que el camino

de la vida se hacía

sin pensar en el destino.

Lo que entonces no sabía

era que al estar contigo

yo era quien más aprendería.

¿Y qué aprendí?

Que los tiempos no son buenos

y con lo que sea, ser feliz.

Obras previas

¿Y que aprendí?

Que llegar vivo mañana

es un milagro para ti.

¿Y que aprendí?

Que cuando el mundo fue injusto

te rebelaste contra mí.

¿Y que aprendí?

Que no es necesario que me ames

si te amo yo a ti.

Genie N.

Despertar...

Hoy te doy las gracias

porque soy mejor persona.

Ya mi mente es sensible

y mi corazón razona.

Fuiste fuerte y difícil

y no supe qué hacer.

Hasta que un gran día

vi tu forma de ser.

Y eres grande...

Tan grande que aquí estas hoy

y no estás en la cárcel.

Obras previas

Eres un misterio...

Porque aún no entiendo la suerte

de que no estés en el cementerio.

Eres mi admiración...

Logras con tu carácter fuerte

que te ame de corazón.

Eres mi orgullo...

Porque en toda la tierra

no habrá coraje como el tuyo.

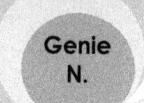

Genie N.

Despertar...

Hoy,

estoy triste por tu partida,

pero si es por progreso

¡que te bendiga la vida!

Y siempre los recordaré

como la más grande enseñanza:

Que los héroes son ustedes

al devolverme la esperanza.

Declamado en la graduación de la Clase 2007 de RPCA

Santurce, Puerto Rico

Obras previas

Ser como tú

Quiero ser como tú algún día:

un libro lleno de historias sin fin,

un regazo de amor y de paz

para todo corazón atribulado por el tiempo.

Llevas en ti el olor del recuerdo,

las memorias de un pasado inmortal.

Tienes las formas de las proezas hechas,

las que te han hecho un monumento.

Tu mirada es capaz de levitar

Despertar...

en mí, las más bellas esperanzas.

Mírame siempre, porque de lo alto

proviene La Luz, tu Luz, gran Luz.

Eres todo poesía, todo un arte.

Tu rostro recita los versos del tiempo.

Tu voz, la lírica de una doncella.

Tu cuerpo, retrato de un hermoso porvenir.

Ser como tú es lo que me espera,

pero en el camino será tu aliento

la inspiración para la vida,

y tu vida, radiante ejemplo a seguir.

Obras previas

Elegía infantil

Dedicada a los niños del Líbano

Regresan hacia el cielo.

Regresan de imprevisto.

Regresan al Consuelo.

Regresan sin saberlo.

Regresan sin ser vistos.

Y yo sin ver su grandeza,

sin sentir su esplendor,

sin oír las destrezas

de sus futuras proezas,

soy presa del dolor.

Genie N.

Despertar...

Eran frutos de la Vida,

eran ríos de sueños

de la tierra prometida

que ahora es destruida

por los malditos dueños.

Dueños del poderío.

Dueños del dinero.

Dueños del hastío.

Dueños del vacío,

que apodera el mundo entero.

Y esos dueños pisotearon

a mis lindas sonrisas,

a los que al mundo brindaron

y a madres obsequiaron

las más bellas caricias,

Obras previas

miradas de paz y amor,

esperanzas recién nacidas

recuerdos del corazón,

fuentes de gran valor

y motivos para la Vida.

Fueron cielos quebrados

en nuestra miseria.

Fueron espíritus violados,

corazones ahogados

por la gran epidemia

que destroza a esos dueños

de episodios dañinos,

que han matado los sueños

de los más pequeños:

Los asesinos de mis niños.

Despertar...

<u>La soledad de la Niña</u>

Mi abuelita me dijo

que yo era su tesoro,

aunque no fuera linda

ni tuviese rizos de oro.

El vecinito de al lado

dijo que tú eras mala.

Yo le dije: ¡Embustero!

y le pegué en la cara.

En la iglesia, el señor Grande

llamaba mucho a Dios.

Dijo que nos ama mucho

que nos da carne y arroz.

Obras previas

Genie N.

La escuelita sí me gusta

pero las nenas no.

Siempre dicen que Papito

de mí se avergonzó.

Mamá, ¿me estás oyendo,

o estás muy ocupada?

Ni siquiera te das cuenta

de que estoy desesperada.

Me voy con mis muñecas

y con todos mis crayones.

Jugaré a ser rica

para darte mis millones.

Genie N.

Despertar...

Porque eso lo escuché,

que es tu gran anhelo:

vender polvitos blancos

y tener mucho dinero.

Me pintaré los ojos

y mis labios de carmesí.

Me pondré poquita ropa

para parecerme a ti.

¿Por qué no me hablas?

¿Qué tengo yo de malo?

Quizás sea el moretón

que aún tengo en el costado.

Sólo quiero que juguemos,

Obras previas

que vayamos al jardín.

Ay, me siento tan solita.

Mamá, ¿qué será de mí?

Las *barbies* no me hablan,

mis crayones están feos.

Rompí todos mis libros

porque todavía no leo.

Mamá, ¡tengo hambre!...

Ya te fuiste otra vez.

Llamaré a la abuelita

a ver si tiene de comer.

Me ha pagado esa vieja,

palos tuve que comer.

Genie N.

Despertar...

Ella dice que ando sucia.

Y eso, ¿qué tiene que ver?

La vecina me dio algo

para deshacerse de mí.

Dijo que eso de cuidarme

te corresponde a ti.

Que por eso eres mala,

que mi papá huyó de ti,

que eres una despreocupada.

¿Estaría hablando de mí?

Fui a ver a don Grande

y pregunté por Dios.

Dije: "No es para carne,

Obras previas

mucho menos para arroz.

Usted tiene dinero,

los domingos, mucho más.

Cásese con mi mamita,

así no me abandonará.

Y a Dios usted le dice

que no quiero pan ni arroz.

Que baje a jugar conmigo

porque es mejor de dos."

Dejé de ir a la escuela.

La maestra me vio mal.

Me dijo bajo secreto

que yo era un caso anormal.

Despertar...

Solita estoy en casa.

Tendré que ponerme a llorar

a ver si las lagrimitas

salen conmigo a jugar.

Obras previas

<u>No me des más</u>

Llegué al mundo

faltándome la mitad del alma,

y por no darme de la tuya

me pasaste el legado del infierno

antes de tiempo.

Me negaste mi historia completa,

pero en cambio,

me diste un cuento de hadas

sabiendo que no eres Rey

ni que me harás princesa.

Tu mano, la necesité

para atacar los miedos.

Genie N.

Despertar...

Jamás me conformé

con tu espalda sin sombra,

esa silueta vacía.

Gracias a ti,

tengo prohibido vivir en el mundo

y la gente me ve

como me recuerdas tú,

mediocremente.

El útero paterno

es bendición de todos.

Pero tú,

me ofreciste un aborto diario

como pacto para toda la vida.

Obras previas

Y si creías que tus palabras

no eran merecedoras de mí,

mucho menos lo es

el fruto de tu indiferencia:

tu eterna ausencia.

¿Informe satisfactorio?

www.ingramcontent.com/pod-product-compliance
Ingram Content Group UK Ltd.
Pitfield, Milton Keynes, MK11 3LW, UK
UKHW021322180426
11947UKWH00015B/1374